**BOEKANALYSE**

Madame Bovary

• • • • • • • • • • • • • •

GUSTAVE FLAUBERT

BOEKANALYSE

Geschreven door Pauline Coullet
Vertaald door Nikki Claes

Madame Bovary

GUSTAVE FLAUBERT

GUSTAVE FLAUBERT

FRANSE SCHRIJVER

- **Geboren in Rouen in 1821**
- **Overleden bij Rouen in 1880**
- **Opmerkelijke werken:**
  - *Salammbô* (1862), roman
  - *Sentimentele opvoeding* (1869), roman
  - *Bouvard et Pécuchet* (1881), onvoltooide roman

Gustave Flaubert werd in 1821 geboren in Rouen. Gepassioneerd door schrijven, ontdekte hij al op zeer jonge leeftijd zijn literaire roeping. In 1841 verhuisde hij naar Parijs om rechten te gaan studeren, wat hij al snel opgaf. De auteur vestigde zich vervolgens in Croisset, aan de Seine, en begon de literaire genootschappen van die tijd te bezoeken. Hij raakte bevriend met mensen als Charles Baudelaire (Franse dichter, 1821-1867), Ivan Toergenjev (Russische schrijver, 1818-1883), George Sand (Franse letterkundige, 1804-1876) en Guy de Maupassant (Franse schrijver, 1850-1893), voor wie hij een rolmodel zou zijn.

Als obsessieve perfectionist verdedigde hij de reflexieve literatuur en droomde hij "een boek over niets" te schrijven. Zijn werk, dat zich ook onderscheidt door de diepgang van de psychologische studie van de personages, dient als voorproefje van de vele ontwikkelingen die de roman in de 20th eeuw zou ondergaan. Flaubert stierf in 1880 en liet verschillende onvoltooide romans en een uitgebreide correspondentie na.

MADAME BOVARY

PORTRET VAN EEN BURGERLIJKE DAME

- **Genre:** roman
- **Referentie-uitgave:** Flaubert, G. (1847) *Madame Bovary*. New York: Brentano's Pulishers.
- **Eerste uitgave:** 1856
- **Thema's:** verveling, liefde, huwelijk, overspel, wanhoop, zelfmoord

De roman *Madame Bovary,* geïnspireerd door een nieuwsbericht in Normandië, werd in 1856 voor het eerst gepubliceerd in de vorm van een feuilleton in de *Revue de Paris*, alvorens in 1857 in één deel te verschijnen. Na de publicatie was de roman een bron van schandaal: Flaubert werd aangeklaagd wegens onzedelijkheid. Hij werd later vrijgesproken van de aanklacht.

Madame Bovary portretteert een jonge bourgeoisie die zich verveelt in haar huwelijk en troost zoekt bij voorbijgaande minnaars. De roman ontketende een ware revolutie in het proza: de psychologische complexiteit van de personages, het onpersoonlijke verhaal en de vele gezichtspunten dwingen de lezer tot een eigen interpretatie van het werk. *Madame Bovary* kreeg veel navolging in de twintigste eeuw, waarin het een onuitputtelijk onderwerp van studie werd.

SAMENVATTING

DEEL EEN

Charles Bovary, een "plattelandsjongen", begint in de vijfde klas van de school in Rouen. Als arme en middelmatige leerling slaagt hij er toch in op te klimmen tot de positie van gezondheidsambtenaar. Zijn moeder dwingt hem te trouwen met een rijke weduwe, die al snel van wanhoop sterft omdat ze door haar notaris is geruïneerd.

Op een winternacht wordt Charles aan het bed geroepen van Vader Rouault, een welgestelde boer die zojuist zijn been heeft gebroken. Hij ontmoet zijn dochter Emma. Na de dood van de weduwe en de gevoelens tussen de twee jonge mensen aanvoelend, geeft Rouault de hand van zijn dochter aan Charles.

Na het huwelijk gaat het paar in Tostes wonen, waar Charles de dienst uitmaakt. Al snel beseft Emma dat de werkelijkheid niet overeenkomt met wat ze in haar sentimentele romans heeft gelezen. Charles is een bekwaam echtgenoot, maar verstoken van mysterie en verfijning. De verveling van zijn vrouw groeit met de dag en zij wordt steeds gevoeliger voor de vijandigheid en jaloezie van haar schoonmoeder. Eind september maakt een uitnodiging voor een bal een einde aan het isolement van de jonge Bovary.

Deze gebeurtenis is een genot voor Emma, die vanaf dat moment niet ophoudt ervan te dromen. Ze zoekt haar toevlucht in haar dromen en in romans om haar somberheid en vermoeidheid te bestrijden. Anderhalf jaar na het bal wordt bij haar een zenuwstoornis geconstateerd. Daarom besluit het echtpaar voor de verandering van lucht te verhuizen en in Yonville te gaan wonen. Emma is zwanger.

DEEL TWEE

Op de avond van hun aankomst ontmoeten ze meneer Homais, de apotheker, en Léon Dupuis, met wie Emma een romantisch gesprek heeft. Na de geboorte van de kleine Berthe ontstaat er een band tussen Emma en Léon. Léon wil zijn liefde verklaren, maar zijn verlegenheid weerhoudt hem daarvan.

Een wandeling in de buurt van Yonville in gezelschap van Homais en Léon geeft Emma de gelegenheid om de platvloersheid van Charles te vergelijken met de charmes van de jongeman. Ze begrijpt dat Léon verliefd op haar is, maar al snel verlaat hij Yonville wegens melancholie. Deze eerste liefde lijkt gedoemd om platonisch te blijven.

Emma's ongemak keert weer terug, maar op een dag komt Rodolphe Boulanger, een landeigenaar, in contact met de Bovary wanneer een van zijn boeren een bloeding nodig heeft. Hij vindt de vrouw van Charles erg mooi. Vrijgezel en een verstokte rokkenjager, besluit hij onmiddellijk haar te verleiden.

Op de kermis van Yonville zet Rodolphe zijn verleidingspogingen voort. Later stelt hij paardrijden voor om Emma's neurasthenie te genezen. Ze worden geliefden, maar Rodolphe raakt uiteindelijk verveeld en zelfs bang voor de verheffing van zijn minnares.

Emma komt dan in een periode van aarzeling. Ze wordt overmand door wroeging, maar het mislukken van een door Charles ondoordacht uitgevoerde operatie aan iemand met klompvoeten doet haar onherroepelijk van hem loskomen. Dan vindt ze haar minnaar weer met toegenomen ijver.

Emma stort zich halsoverkop in deze relatie en leent steeds meer geld van meneer Lheureux om cadeaus voor Rodolphe te kopen. De twee tortelduifjes maken plannen om te vluchten, maar dit is slechts een list, want de dag voor hun geplande vertrek verlaat Rodolphe de stad alleen en laat de jonge vrouw een brief achter. Wanhopig wordt ze ernstig ziek. Ze overweegt zelfs zelfmoord. Terwijl ze herstelt, valt meneer Lheureux Charles lastig om de bedragen terug te krijgen die hij aan Madame Bovary heeft geleend. Charles leent op zijn beurt en zorgt liefdevol voor haar.

Om zijn vrouw te vermaken neemt Charles haar mee naar een toneelstuk in Rouen, waar ze bij toeval Léon ontmoeten. Léon nodigt hen uit om nog een dag in de stad te blijven.

DEEL DRIE

Léon krijgt een afspraak voor de volgende dag in de kathedraal. Hij stelt Emma voor een koetsrit te maken in Rouen (dit is een beroemde scène uit de roman die hun vrijpartij suggereert, zonder dat er iets expliciet wordt gezegd). Terug in Yonville vindt Madame Bovary een manier om drie dagen naar Rouen terug te keren zonder haar man. Daar beleeft ze een echte huwelijksreis met Léon.

Meneer Lheureux zet het echtpaar steeds meer onder druk en zet Emma aan tot een gevaarlijke reeks kredieten die onmogelijk kunnen worden terugbetaald. Ondertussen weet ze verschillende excuses te verzinnen om regelmatig Rouen te bezoeken. De zaken komen echter in een stroomversnelling. De termijnen van de schuldbekentenissen van het pandjeshuis komen dichterbij en ze kan niet betalen. Bovendien valt haar relatie met Léon uit elkaar: ze vervelen zich allebei. Emma wisselt hoop en teleurstelling af, en de passie neemt af.

Uiteindelijk wordt de val van Lheureux gesloten: hij drijft Emma in het nauw en dwingt haar haar schulden af te lossen, maar zij heeft geen geld. Wanhopig gaat ze op zoek naar haar minnaars, die weigeren haar te helpen. Ontredderd gaat ze naar een apotheker en slikt een fles arsenicum. De gevolgen zijn snel merkbaar: Emma sterft.

Charles kiest een pompeus mausoleum voor het graf en krijgt definitief ruzie met zijn moeder. Hij blijft alleen achter met zijn dochter. Vader Rouault is wanhopig, net als Charles, die wordt lastiggevallen door de schuldeisers. Charles vindt op zolder de brief van Rodolphe. Hij verneemt over het huwelijk van Léon, en dan ontdekt hij al zijn brieven aan Emma en kan hij niet langer twijfelen aan zijn ongeluk. Op een dag ontmoet hij Rodolphe, tegen wie hij geen wrok koestert. De volgende dag vindt de kleine Berthe haar vader dood op de bank in de tuin. Ondertussen is Homais overdonderd: "Hij had net het erekruis ontvangen."

KARAKTERSTUDIE

EMMA BOVARY

Emma is een romantische en onvolwassen provinciale, een slachtoffer van romantische lectuur en illusies. Ze neemt een echtgenoot en gelooft dat ze de liefde heeft gevonden, maar ze is teleurgesteld en verveeld en zoekt de passie elders, in de armen van twee mannen. Ze verveelt zich opnieuw, blijft onbevredigd en pleegt uiteindelijk zelfmoord. Dit is echter geen samenvatting van de complexiteit van het personage. Verspreid over de tekst staan verschillende portretten die haar allemaal afschilderen als een mooie vrouw. De derde persoon maakt verschillende perspectieven mogelijk. Ze wordt gezien door haar man, door haar twee minnaars, door secundaire personages en door de verteller. Al deze percepties zijn vol verlangen. Soms bekijkt Emma zichzelf in de spiegel en haar eigen blik is vervuld van verlangen. Het verlangen van de mannen is slechts een voorwendsel voor haar eigen verlangen, dat nooit wordt vervuld. Teleurstelling wacht altijd.

Haar achternaam en voornaam weerspiegelen de strijd tussen het ideaal, de dromen, de lucht, het verlangen (*Emma*) en de landerige kant (*Bovary* betekent "os"). Haar huwelijk (ze verandert dan haar naam van Rouault in Bovary) is de eerste stap van haar beproeving, omdat ze dan gebrandmerkt wordt door deze tegenstelling tussen haar dromen en de werkelijkheid.

Ze stort zich voortdurend in een fantasie, die botst met de concrete en boerenwereld. Haar fantasie wordt gevoed door de romans die ze in het klooster leest. Er zit ook een originaliteit in dit personage: de auteur steekt de draak met zijn heldin wanneer hij maar kan; kortom, voor Flaubert is Emma niet beter dan de anderen en zijn alle hoofdpersonen dwaas. Daarom is het ook moeilijk Madame Bovary te zien als slachtoffer en beeld van de vrouwelijke conditie in de negentiende eeuw.

Bovarysme is dus de oneindige mogelijkheid om te dromen en altijd teleurgesteld te worden door de werkelijkheid. We zullen hieronder zien dat dit antagonisme de kern vormt van Flauberts stijl.

CHARLES BOVARY

Charles is een eenvoudige en heel gewone man. Je zou zelfs kunnen zeggen dat hij een soort mislukte provinciaal is. Al vroeg in de roman wordt hij als belachelijk voorgesteld: hij wilde dokter worden, maar hij is slechts officier van gezondheid. Wanneer hij bovendien onder druk van Homais een delicate klompvoetoperatie probeert, faalt hij jammerlijk en is hij gedwongen het been van de ongelukkige patiënt af te hakken.

Hij houdt van zijn vrouw en gelooft nooit dat zij schuldig is; hij hoort pas van haar verraad na haar dood en dit is waarschijnlijk wat hem gedood heeft. Bovenal is hij een onhandige man die zijn vrouw niet begrijpt, niet beseft dat Léon, Rodolphe en zelfs Homais niet zijn vrienden zijn, en niet eens ziet dat Emma hem te gronde richt.

Hij is ook een van de meest vertederende personages, die in de tekst pas echt bestaat vóór het verschijnen van Emma en na haar dood, eerder alsof de heldin alle beschikbare ruimte in beslag neemt (hij krijgt zelfs een innerlijke monoloog aan het begin van de roman, die, zoals we zullen zien, belang geeft aan de hoofdpersoon in het Flaubertiaanse systeem). Door een vreemd noodlot en een merkwaardige omkering van de situatie, hoewel te laat, wordt hij uiteindelijk hetzelfde type romaneske/romantische personage waar Emma misschien van had gehouden.

Deze twee kenmerken, vulgariteit en banaliteit, en gevoeligheid en psychologische diepgang, maken van Charles een personage dat even rijk en complex is als een echt mens.

LÉON DUPUIS

Léon lijkt gemaakt voor Emma: hij is een fijn karakter, delicaat en romantisch, die de heldin aanbidt alsof ze een godin is. Toch lijkt hij ondankbaar en totaal niet vrijgevig wanneer de jonge vrouw hem hulp vraagt en hem vraagt haar geld te lenen: hij weigert, hoewel hij tijdens hun relatie altijd had geprofiteerd van de vrijgevigheid van zijn minnares.

Kortom, net als Charles is hij een middelmatige man. Hij belichaamt de spot van romantische dromen, maar op een veel zwakkere manier dan Emma, die vol kracht en energie is. Bovenal is hij de eerste stap op de weg naar verlangen voor Madame Bovary, die na hem zwicht voor Rodolphe, alvorens terug te keren en hem op haar beurt te bezitten.

RODOLPHE BOULANGER

Rodolphe is een plaatselijke edelman en een groot verleid-ster van vrouwen. Flaubert heeft van hem een soort provinci-ale Don Juan gemaakt.

In tegenstelling tot Léon heeft hij nooit echte gevoelens voor Emma. Hij wordt overladen met geschenken van zijn gulle geliefde, waardoor ze overgeleverd is aan de geldschieter Mr. Lheureux. Wanneer zij aan het eind van de roman bij hem terugkomt om hem geld te vragen – met het aanbod hem seksueel te compenseren – weigert hij.

Zijn belangrijkste rol is waarschijnlijk het vermogen om Madame Bovary te verleiden en haar in te wijden in een vle-selijke passie die zij nog niet eerder had ervaren.

MR. HOMAIS

Homais is waarschijnlijk de belangrijkste hoofdpersoon van de roman, hoewel hij een 'secundair personage' is. Hij behoort tot het geslacht van het trieste groteske dat door het hele werk van Flaubert loopt. Men denke bijvoorbeeld aan de personages van de klerk (*Une leçon d'histoire naturelle: genre commis*), meneer Arnoux (*Sentimentele opvoeding*), Bouvard en Pécuchet (*Bouvard et Pécuchet*), enz. Hij is de belichaming van de menselijke domheid (Homais, afgeleid van het Latijnse *homo, hominis*, wat 'mens' betekent).

Hij is het toonbeeld van de pretentieuze, pedante en kwaad-aardige dwaas. Hij is antiklerikaal maar wil een "godsdienst voor het volk" en wordt voorgesteld als een verdediger van het privé-eigendom en droomt van eer terwijl het systeem verwerpt. Hij is het die "het laatste woord" heeft in het boek, in een soort bourgeois end waarin de spot van Flaubert zichtbaar is: Homais "had zojuist het erekruis ontvangen".

Dit personage dat steeds belangrijker wordt, verschijnt pas in het tweede deel van de plot. Hij maakt indruk op de stad, waar hij wordt beschouwd als een intellectueel omdat hij apotheker is, een "redacteur van wetenschappelijke pamfletten" (slechts één in werkelijkheid, over de vervaardiging van cider!) en correspondent voor de *Fanal* in Rouen (stadskrant). Hij is een dwaas, maar zijn trots en toon maken indruk op het gewone volk.

Hij speelt ook een zeer merkwaardige rol in het vertelpatroon, want hij is altijd aanwezig op momenten dat het verhaal een wending neemt: Hij is het die het houden van de jaarmarkt aankondigt (waar Rodolphe Emma verleidt), hij is het die voorstelt om naar het theater in Rouen te gaan en paard te rijden (met Rodolphe), hij is het die voorstelt om pianolessen te nemen (met Léon) en hij is het ook die – onbedoeld – aangeeft waar het arsenicum wordt bewaard, in het bijzijn van Madame Bovary.

ANALYSE

TUSSEN REALISME EN ROMANTIEK

Het is vaak gebruikelijk Flaubert te plaatsen bij de realistische romanschrijvers van de tweede helft van de negentiende eeuw. In werkelijkheid ligt zijn werk er meer tussenin:

- Klassiek realisme (Balzac): het geeft de sombere werkelijkheid weer en roept de dingen in al hun banaliteit op;

- Romantische lyriek: er is een neiging tot romantisch dromen, een soort idealisme, hoewel dit laatste altijd "leegloopt".

De schrijver geeft een voorbeeld met de beroemde scène van de jaarmarkt, die een overgangspunt in de plot vormt, een "mise en abyme" van de structuur van de roman, en een tweeluik dat de twee kanten van het werk illustreert. De groteske toespraken van de politici over de landbouw vermengen zich op een nogal komische manier met de romantische woorden van Rodolphe en Emma. Aan beide kanten is er een 'verlaging': de twee toespraken zitten vol gemeenplaatsen en stereotypen. *Madame Bovary is* dus vooral een boek van universele domheid. Het is een romaneske illustratie van het *Dictionary of Received Ideas*.

Rodolphe, die in dit fragment Emma probeert te verleiden, illustreert deze twee aspecten van de roman in zijn toespraak over moraal:

> *"Ah! maar er zijn er twee," antwoordde hij. "Het kleine, het conventionele, dat van de mensen, dat voortdurend verandert, dat zo luidruchtig brult, dat hier beneden zo'n opschudding maakt, van het aardse, zoals de massa imbéciles die je daar beneden ziet. Maar het andere, het eeuwige, dat is om ons heen en daarboven, zoals het landschap dat ons omringt, en de blauwe hemel die ons licht geeft.*

Maar ook hier slaagt Flaubert erin de draak te steken met deze lyrische verleiding van de chatelain die, terwijl hij met Emma flirt, het niet kan laten om de mooie stuit van de koeien die beneden grazen te bewonderen.

Deze twee tegenstrijdige elementen – de dynamiek naar het zuivere, het ideale en de afvallige beweging naar beneden, naar teleurstelling – zijn nodig om de hele wereld en haar complexiteit te verklaren. Vanuit een licht scholastisch perspectief zou men kunnen zeggen dat de auteur hiermee de overgang tussen romantiek en realisme laat zien:

> *Flaubert schreef met een "haat voor realisme", dat wil zeggen verre van een louter beschrijvend verslag van dingen, houdingen, gebeurtenissen, de maatschappij. Maar hij schreef ook met een hekel aan valse gevoelsidealen. (Neefs, 2009: 21-30)*

BESCHRIJVING EN SUBJECTIEF REALISME

In traditionele romans is de beschrijving altijd aanwezig geweest om het verhaal te ondersteunen, te situeren en te dateren. De details geven het verhaal een grotere waarheid (of liever, een waarschijnlijkheid: Barthes, 2002: 25-32), en ze leren ons ook meer over de maatschappij, de zeden en het land in kwestie. Maar ze zijn altijd ondergeschikt aan de verhaallijn van de roman, en ze zijn er vooral om ons mee te nemen naar een andere plaats, naar een plaats die als echt wordt beschreven en die ons even vertrouwd worden als de gebeurtenissen in ons eigen leven.

Bij Flaubert en *Madame Bovary* ontdekken we echter dat "het verhaal zo onbeduidend is dat het eigenlijke onderwerp van het werk in feite niet bestaat" (Bolleme, 1964: 193). De beschrijving van Flaubert is geen triviale evocatie noch een eenvoudig decor ter ondersteuning van de handeling. Het is geen "veelheid van nutteloze beschrijvende details", zoals de criticus Louis Edmond Duranty beweert: "*Madame Bovary vertegenwoordigt* de weerbarstigheid van de beschrijving. [...] Er is noch emotie, noch leven, noch gevoel in deze roman" (*Réalisme* magazine, 15th maart 1857).

In feite kan men spreken van "subjectief realisme":

- Flaubert's beschrijvingen proberen de werkelijkheid te transformeren. Vooral de mentale toestand van een personage dat ziet, voelt en hoort. De werkelijkheid wordt getranscribeerd na de innerlijkheid van de hoofdpersoon te hebben doorlopen.

- Door deze focus op het externe object en de invoeging ervan in de subjectiviteit, wordt de beschrijving een gebeurtenis en neemt ze bijna de plaats in van de vertelling.

- Deze verinnerlijking van het object gebeurt door middel van sensatie. Flaubert laat ons de dingen voelen en laat ons niet analyseren. Hij geeft de voorkeur aan een vorm van "kennis door contact", die voor de lezer een zekere vrijheid van interpretatie inhoudt, aangezien de dingen in stilte worden gezegd en het impliciete altijd aanwezig is.

Om deze punten te illustreren gebruiken we een andere beroemde passage uit de roman, die plaatsvindt wanneer Emma en Charles alleen zijn in de keuken van de boerderij van Bertaux (deel 1, hoofdstuk 3).

Op een dag kwam hij daar rond drie uur aan. Iedereen was in het veld. Hij ging de keuken binnen, maar zag Emma niet meteen; de luiken buiten waren gesloten. Door de kieren van het hout zond de zon lange, fijne stralen over de vloer die op de hoeken van het meubilair werden gebroken en langs het plafond trilden. Enkele vliegen op de tafel kropen op de gebruikte glazen en zoemden terwijl ze zich verdronken in het bezinksel van de cider. Het daglicht dat door de schoorsteen naar binnen viel, maakte fluweel van het roet aan de achterkant van de haard, raakte met blauw de koude Sintels. Tussen het raam en de haard zat Emma te naaien; ze droeg geen fichu; hij kon kleine zweetdruppels op haar blote schouders zien. Naar de gewoonte van de boeren vroeg ze hem iets te drinken. Hij zei nee; zij stond erop en bood tenslotte lachend aan een glas likeur met hem te drinken. Dus ging ze een fles curaçao uit de kast halen, reikte twee kleine glazen aan, vulde de ene tot de rand, schonk nauwelijks iets in de andere en bracht na het klinken van de glazen het hare naar haar mond. Toen het bijna leeg was boog ze zich achterover om te drinken, haar hoofd achterover, haar lippen pruilend, haar nek gespannen. Ze lachte omdat ze er niets van kreeg, terwijl ze met het puntje van haar tong tussen kleine tanden druppelsgewijs de bodem van haar glas aflikte. Ze ging weer zitten en nam haar werk weer op, een witte katoenen kous die ze aan het stoppen was. Ze werkte met gebogen hoofd; ze sprak niet en Charles ook niet. De lucht die onder de deur door kwam blies een beetje stof over de vlaggen; hij keek ernaar en hoorde niets anders dan het kloppen in zijn hoofd en het zwakke gekakel van een kip die een ei had gelegd in de tuin. Emma koelde van tijd tot tijd haar wangen met haar handpalmen, en koelde deze weer op de knoppen van de grote vuurharden. Ze klaagde dat ze sinds het begin van het seizoen had last van duizeligheid; ze vroeg of een zeebad haar goed zou doen; ze begon te praten over haar klooster, Charles over zijn school; er kwamen woorden bij hen op. Ze gingen naar haar slaapkamer.

Deze tekst illustreert het fenomeen subjectief realisme. De eerste drie alinea's worden volledig waargenomen door Charles. Zijn aandacht is gericht op wat zijn emoties hem ingeven: de vliegen die in het glas verdrinken, de zweetdruppels op Emma's blote schouders, haar gulzig likken van de curaçao en de warmte van de wangen van de jonge vrouw. Hoe zouden we niet de verlegenheid, de verlegenheid, de angst, maar ook het verlangen van de gezondheidsambtenaar achter deze sensaties kunnen voelen? Hij neemt de wereld waar volgens zijn "innerlijke ritme". Zuiver materiële elementen worden dus in verband gebracht met gevoelens die nauwelijks worden geschetst.

De wereld kan echter ook binnendringen, in al haar onherleidbaarheid. Zelfs als de personages objecten lijken te animeren door hun eigen gevoelens, waardoor ze in contact komen met hun innerlijkheid, is dit object er misschien ook om de betekenis die we eraan willen geven te ontkrachten: "Heeft deze beschrijving van het gevoel een psychologische betekenis, of weerspiegelt ze gewoon een materiële extase, een verbijstering zonder betekenis en een pure gewaarwording van de zuivere werkelijkheid?" (Adert, 1996: 87). Met andere woorden, proberen we betekenis te geven aan iets dat betekenisloos is?

In het werk van Flaubert bestaan twee mogelijkheden naast elkaar. De perceptie van de buitenwereld kan:

- symboliseren een stemming, emotie of gevoel;
- of een pure sensatie vertalen, een betekenisloze realiteit.

Welk standpunt de lezer ook kiest, we kunnen zeggen dat Flauberts realisme een relatie tussen ons en de wereld inhoudt: Hij probeert een medeplichtigheid tot stand te brengen tussen mensen en objecten; Flaubert zou over al zijn boeken kunnen zeggen wat hij over *Salammbô zei*: "Er is in mijn boek nooit een geïsoleerde, vrije beschrijving; alles *dient* (hij benadrukt dit punt) mijn personages en heeft een verre of onmiddellijke invloed op de actie" (Brief aan Sainte-Beuve, 23-24th december 1862).

VRIJE INDIRECTE STIJL EN INNERLIJKE MONOLOOG

We kennen allemaal de beroemde uitspraak van Flaubert over stijl: "Wat ik zou willen schrijven is een boek over niets, een boek zonder uiterlijke bijlagen, dat bijeengehouden zou worden door de innerlijke kracht van zijn stijl […] een boek dat bijna geen onderwerp zou hebben of waarin het onderwerp in ieder geval bijna onzichtbaar zou zijn." (Brief aan Louise Colet, 16 maart 1852).

Zonder op deze discussie in te gaan, willen wij kort ingaan op de kwestie van de vrije indirecte stijl en de door Flaubert gebruikte innerlijke monoloog.

De vrije indirecte stijl is vaak aanwezig in de innerlijke monologen, en deze monologen worden door de auteur vaak gebruikt voor alle personages.

Om het belang van een hoofdpersoon voor de schrijver te meten, volstaat het om het aantal innerlijke monologen te meten dat de auteur hen heeft toegekend. Emma is hier de duidelijke winnaar, want de innerlijke monoloog is een vorm van Bovarysme: de lezer ontdekt van binnenuit, zonder bemiddeling, alles wat de heldin verdringt, de hele droomwereld die zij in haar dagelijks leven niet kan bereiken of zelfs communiceren.

EXTRA INFORMATIE:
VRIJE INDIRECTE STIJL

De vrije indirecte stijl is een vorm van spraak die de woorden of gedachten van een persoon weergeeft, zonder dat deze expliciet in de tekst worden gemarkeerd, bij de directe stijl (Zij zei: "Ga weg!") en de indirecte stijl (Zij zei dat hij weg moest gaan.). Er kunnen echter enkele aanwijzingen van oraliteit blijven bestaan (bv. uitroeptekens).

Dankzij deze stijlmethode kunnen we ongemerkt binnendringen in het innerlijk van het personage. Dit is de kracht van de vrije indirecte stijl, die niet gemakkelijk te onderscheiden is van de vertelling, zodanig dat het soms moeilijk is te weten of het de stem van het personage is, die van Flaubert of die van de publieke opinie en de geruchten die de tekst binnendringen.

VERDERE REFLECTIE

ENKELE VRAGEN OM OVER NA TE DENKEN...

- Identificeer wat behoort tot de realistische esthetiek en wat meer tot de romantiek in *Madame Bovary*.

- Hoe vormt de scène op de kermis een "mise en abyme" van de roman?

- "Het verhaal is zo onbeduidend dat, in feite, het ware onderwerp van het werk is er geen te hebben." Reageer op dit citaat over *Madame Bovary*.

- Wat zijn de kenmerken van Flauberts subjectieve realisme?

- Wat maakt de beschrijvingen van de auteur origineel?

- Wat is Bovarysme?

- Denkt u dat de auteur in dit boek de gevaren van het lezen aan de kaak stelt?

- Identificeer de stereotypen die in dit verhaal worden nagebootst.

- Waarom gebruikt Flaubert volgens u zowel een vrije indirecte stijl als innerlijke monologen?

- Hoe belichaamt deze roman de menselijke domheid?

- Waarom kunnen we zeggen dat de titel van de tekst al de hele tragische reikwijdte van het werk bevat?

VERDER LEZEN

REFERENTIE-UITGAVE

Flaubert, G. (1847) *Madame Bovary*. New York: Brentano's Pulishers.

REFERENTIESTUDIES

Adert, L. (1996) *Les Mots des autres. Lieu commun et création romanesque dans les œuvres de Gustave FLaubert, Nathalie Sarraute et Robert Pinget*. Lille: Presse Universitaires du Septentrion.

Barthes, R. (2002) L'Effet de reel. *Œuvres complètes. Tome III*. Parijs: Seuil.

Bolleme, G. (1964) *La Leçon de Flaubert*. Parijs: 10/18.

Flaubert, G. (1998) *Correspondances*. Parijs: Gallimard.

Neefs, J. (2009) La Prose du reel. *Le Flaubert reel*. Berlijn: Walter de Gruyter.

Herschberg Pierrot, A. (1993) *Stylistique de la prose*. Parijs: Belin Sup.

Starobinsky, J. (1983) L'échelle des temperatures. *Travail de Flaubert*. Parijs: Seuil.

AANPASSINGEN

Madame Bovary is het onderwerp geweest van talrijke verfilmingen, waaronder:

Madame Bovary. (1933) [Film]. Jean Renoir. Dir. Frankrijk: Nouvelle Société des Films (NSF).

Madame Bovary. (1991) [Film]. Claude Chabrol. Dir. Frankrijk: MK2 Productions.

We horen graag van jou! Laat
een reactie achter op jouw online bibliotheek
en deel je favoriete boeken op social media!

Waarom kiezen voor Must Read?

Kom alles te weten over een boek met onze beknopte en diepgaande samenvattingen en analyses!

Ontdek het beste uit de literatuur in een compleet nieuw licht!

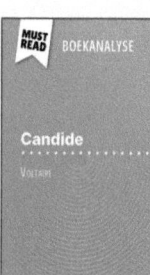

www.50minutes.com

De uitgever garandeert de betrouwbaarheid van de gepubliceerde informatie, die echter niet onder zijn verantwoordelijkheid valt.

www.50minutes.com

Master ISBN: 9782808687683
Papier ISBN: 9782808699082
Wettelijk depot: D/2023/12603/1188

Omslag: © Primento

Digitaal ontwerp: Primento, de digitale partner van uitgevers.